Für Angelika

mit lieben Grüßen von

der Krimitour mit Hindernissen...

Alles Gute und Erfolg

[signature]
20/10/2002

EINE MORDS GEGEND

Kriminalistische
Idyllen aus
Rheinhessen,
Mainz
und entlang
des Rheins

Jean Becker

Für Jessica und Marco

Mein besonderer Dank gilt Herbert, der mit seiner Kreativität diesen Bildband entscheidend prägte und seine Ideen in vielen Nachtschichten fristgerecht umsetzte... Und auch die Arbeit von Franz-Josef Schneider und seinen Angestellten war entscheidend für die Qualität des Bildbandes.

Ohne meine Freunde vom Table Ronde de Mayence wären die französischen Übersetzungen nicht so kurzfristig möglich gewesen. Vielen Dank an Claude, Francoise, Elisabeth, Eric, Bärbel, Iris, Karine und alle anderen. Für die Überarbeitung der Übersetzungen ins Englische danke ich Kordula.

Und natürlich danke ich Beate, Joachim, Christine, Volker, Ingrid und Erich für ihre Ermutigung und ihre Beiträge. Wohl dem, der solche Freunde hat ...

Copyright (c) 2001 by Rainer Sauer, Appenheim
erschienen im
Verlag A. Pielicke Direkte Kommunikation, Gundersheim

Grafik Titelbild:
Herbert Hertling, Wiesbaden
Umschlaggestaltung: Herbert Hertling, Wiesbaden,
unter Verarbeitung von Fotos von Rainer Sauer
Fotonachweis S.95
Deutsche Texte: Rainer Sauer
Englische Texte: Rainer Sauer
Französische Texte: Claude Gravier, Francoise Ropital, Elisabeth Mathes,
Eric Gaudefroy, Bärbel Göckel, Iris Bigalke, Karine Seneschal und der Table Ronde de Mayence (www.tableronde.de)

Alle Rechte vorbehalten.
Printed in Germany
Druck: Schneider Druck GmbH, Bingen
ISBN 3-933797-09-8

www.jean-becker.de

Ein wenig anders ...

Liebe Leserinnen, liebe Leser,

... möchte er schon sein, dieser Bildband. Er zeigt Ihnen Impressionen aus Rheinhessen, Mainz und entlang des Rheins, die mit meinen Krimis „Tod beim Rotweinfest" und „Haie im Mainzer Becken" zu tun haben. Folgen Sie mir zu Handlungsorten, die die Phantasie anregen. Lernen Sie Neues über Altes, Ungewöhnliches über Gewohntes. Genießen Sie die schöne Landschaft. Erkunden Sie die angegebenen Routen auch mit dem Rad, Auto oder zu Fuß. Auf meiner Homepage www.jean-becker.de finden Sie immer wieder Neuigkeiten und auch den Kontakt zu mir.

Dear reader,

this picture book with photographic impressions of Rheinhessen, Mainz and the region beside Rhine river is different to others. It uses my criminal stories as a guideline. Follow me to places, that stimulate imagination. Read and see something about history. Looking close, some common things turn to be strange. See spectacular pictures never published before. Enjoy the fascinating landscape. Follow the tours or find your own way to scenes of fictional and true crimes. You may even join me on a trip to spectacular locations. Simply contact me via my homepage www.jean-becker.de. You´re welcome!

Chers lectrices, chers lecteurs,

un peu autre chose voudrait déjà être ce livre illustré. Il vous montre les impressions du Rheinhessen, de Mayence et des rives du Rhin, que décrivent et c'est ce qu'ils ont de spéciaux - mes romans policiers. Suivez-moi vers les lieux des actions qui excitent l'imagination. Découvrez un peu l'histoire. Appréciez la belle campagne. Et si vous le voulez, vous pouvez aussi emprunter ces routes indiquées à pied, à vélo ou en voiture - même avec moi. Sur mon site Internet (www.jean-becker.de) vous pouvez entrer en contact et trouver de nouvelles informations. Je me réjouis de vos suggestions et de vos critiques. Bien à vous

Inhaltsverzeichnis / table of contents / sommaire

Seite Thema

Krimi „Tod beim Rotweinfest"

- 4 Tour am Rhein: Ingelheim-Gau-Algesheim-Rüdesheim-Mainz
- 30 Tour Bingen: Bingen, Waldalgesheim, Binger Wald

Krimi „Haie im Mainzer Becken"

- 50 Mainz: Schloss, Staatstheater, Zitadelle, Kunstgießerei Kastel
- 80 Das Tertiär-Meer und das Kliff am Steigerberg
- 94 Tipps und Adressen

Am Rhein entlang ...

Touren zu den Tatorten von "Tod beim Rotweinfest"

- - - - - Tour Ingelheim-Fähre - Naturschutzgebiet Ilmer Aue - Hindenburg-Brücke - Fähre Bingen - Rüdesheim - Geisenheim - Oestrich-Winkel - Eltville - Schiersteiner Brücke - Amöneburger Brücke - Mainz - Heidenfahrt - Ingelheim

- - - - - Tour Ingelheim-Fähre - Ingelheim - am Westerberg entlang - Gau-Algesheim - geoökologischer Lehrpfad - Appenheim - Laurenziberg - Jakobsberg - Ockenheim - Gaulsheim - Hindenburg-Brücke - Naturschutzgebiet Fulder Aue / Ilmer Aue - Ingelheim-Fähre

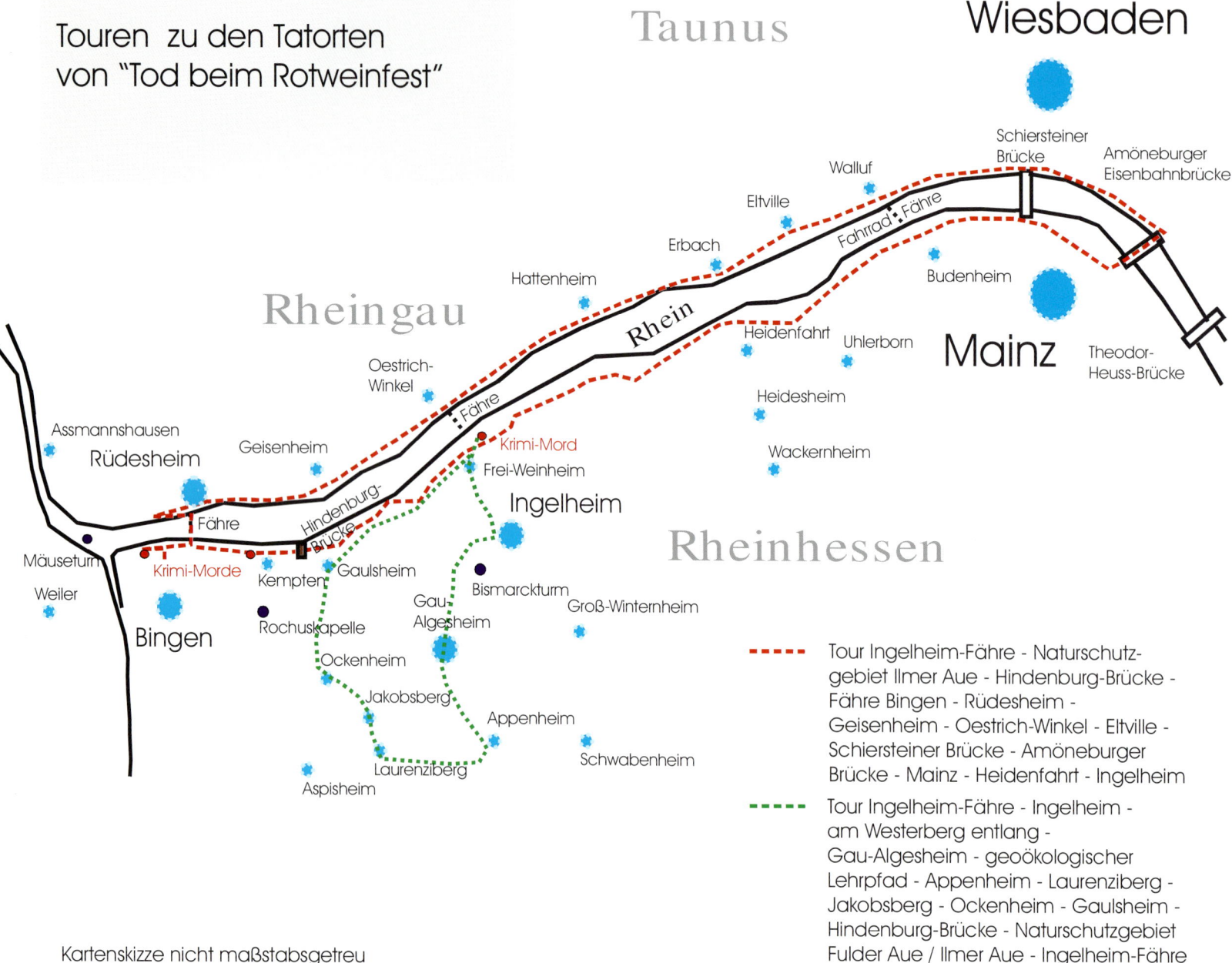

Kartenskizze nicht maßstabsgetreu

Der Uferwald vor dem Damm von Frei-Weinheim nahe der Fähre von Ingelheim nach Oestrich-Winkel. Hier in der Nähe liegt der erste Tatort von „Tod beim Rotweinfest".

The picturesque border region of Rhine river close to the ferry from Ingelheim to Oestrich-Winkel. Close to it is a scene of crime from „Tod beim Rotweinfest".

La rive boisée de la digue de Frei-Weinheim proche du bateau allant de Ingelheim à Oestrich-Winkel. Le lieu du premier crime „Mort à la fête du vin rouge" se trouve à proximité.

Das Naturschutzgebiet und Europareservat Ilmer Aue / Fulder Aue zwischen Frei-Weinheim und Bingen birgt eine reiche Tier- und Pflanzenwelt. Auf dem Radweg kann man nachts ungesehen nach Bingen radeln ...

The european natural reserve Ilmer Aue / Fulder Aue bears a rich variety of plants, birds and amphibia. The cycleway on the land side of the embankment is perfect to go from Ingelheim to Bingen unseen in the night...

Le site protégé et le territoire européen réservé Ilmer Aue/Fulder Aue entre Frei-Weinheim et Bingen protègent une faune et une flore riches. En prenant la piste cyclable, on peut aller à Bingen en vélo la nuit tout en passant inaperçu.

Die wuchtige, über 1000 Jahre alte Burgkirche dominiert auch heute noch die Ansicht von Ober-Ingelheim. Innerhalb der Schutzmauern liegt der alte Friedhof.

For more than 1000 years, the Burgkirche dominates the view of Ober-Ingelheim. Inside its massive outer protection walls there is an old graveyard.

L'imposante église „Burgkirche" de plus de 1000 ans domine encore aujourd'hui la vue sur Ober-Ingelheim. Le vieux cimetière se trouve à l'intérieur des remparts.

Der Bismarckturm auf dem Westerberg bietet einen fantastischen Rundblick von den Ausläufern des Hunsrücks über den Eingang zum Rheintal, den Rheingau, Taunus und das Mainzer Becken bis nach Rheinhessen hinein (von links nach rechts).

The Bismarckturm on the Westerberg offers a fantastic panorama view from the Hunsrück via the entrance to the Rheintal (Rhine Valley) onto Rheingau, Taunus, Mainzer Becken and Rheinhessen (from left to right).

La tour de Bismarck située sur la montagne Westerberg présente un panorama fantastique, allant de la périphérie du Hunsrück, survolant le bord de la vallée du Rhin, le Rheingau, le Taunus et le bassin mayençais jusqu'en Rhénanie-Hesse (de gauche à droite).

Der Bismarckturm, ein Denkmal zu Ehren Bismarcks.

The Bismarck Tower a monument for the honour of the former German chancelor Bismarck.

La tour de Bismarck est un monument que rappèlle à Reichskanzler Bismarck.

Der Marktplatz mit dem Rathaus und der Kirche St. Cosmas und Damian sind Wahrzeichen von Gau-Algesheim, das am westlichen Hang des Westerberges und im Selzbachtal liegt.

Market place, city hall and the church St. Cosmas and Damian are landmarks of the city of Gau-Algesheim, located on the western slope of the Westerberg and the Selzbach valley.

La place du marché avec la mairie et l'église St-Cosmas et Damian sont des emblèmes de Gau-Algesheim, situés sur le versant ouest de la montagne Westerberg.

Weinberge am westlichen Hang des Westerberges zwischen Gau-Algesheim und Appenheim. In den Lagen Hundertgulden und Goldberg wächst der „Blaue Portugieser" in bester Qualität.

Vineyards on the western slope of the Westerberg between Gau-Algesheim and Appenheim. The Hundertgulden and Goldberg location is known for its excellent „Blauer Portugieser" vines.

Les vignes sur le versant ouest de la montagne Westerberg entre Gau-Algesheim et Appenheim. Le raisin noir nommé „Blauer Portugieser" pousse sur les pentes de Hundertgulden et Goldberg. Sa qualité est sans égal.

Geländeverlauf und Besitzverhältnisse schaffen interessante Rebstrukturen.

Topography and property create interesting vine structures.

Le développement des terrains et les partages de propriétés ont mené à une structure intéressante de la vigne.

Ein Blick zurück auf Ingelheim und den Westerberg. Am oberen Bildrand das Haus Multatuli, wo der berühmte niederländische Schriftsteller seine letzten Lebensjahre verbrachte.

Looking back to Ingelheim and the Westerberg. The uppermost building is Haus Multatuli, where the famous writer from the Netherlands spent his last years.

Sur le chemin du pont de Hindenburg „Hindenburgbrücke", retournons-nous pour jeter un coup d'oeil sur Ingelheim et la montagne Westerberg.

Der Brückenturm der zerstörten Hindenburgbrücke am Rheinufer zwischen Bingen-Gaulsheim und Bingen-Kempten.

The bridge tower of the destroyed Hindenburg bridge at the river bank between Bingen-Gaulsheim and Bingen-Kempten.

La tour du pont de Hindenburg au bord du Rhin entre Bingen-Gaulsheim et Bingen-Kempten.

Die Brückentürme waren befestigt und dienten der Verteidigung. Mehr als 50 Jahre nach dem 2. Weltkrieg hat die Natur sie erobert.

The fortified elements of the bridge towers were meant for defence. Now, more than 50 years after the second world war, the nature conquers them.

Les tours du pont étaient fortifiées et servaient à défendre. Plus de 50 ans après la 2ème guerre mondiale, la nature se les approprie.

Früher verband die Hindenburgbrücke die beiden Rheinseiten. Heute sind ihre Trümmer zu einem Biotop mit seltenen Pflanzen geworden. Selbst der Blick in den Rheingau ist schon teilweise zugewachsen.

From 1915 to 1945, the Hindenburg bridge connected both sides of the Rhine. Today its ruins form a biotop with rare plants and animals. The lushy green limits even the view to the other side of the river.

Autrefois le pont de Hindenburg reliait les deux rives du Rhin. Aujourd'hui, ses ruines sont devenues une flore composée de plantes rares. Même la vue sur le Rheingau est partiellement remplie de verdure.

Die Korrosion löst aus dem Beton der Hindenburgbrücke Kalk und lagert ihn in bizarren Strukturen außen ab. Die Basaltsteine sind nur eine äußerliche Verblendung.

Corrosion solves lime and deposits it in bizarre structures on the outer side of the Hindenburg bridge. The basalt stones only cover the underlying concrete structure.

La corrosion fait partir le calcaire du béton sur le pont de Hindenburg et le fait se redéposer sous des formes bizarres. Les pierres de basalte ne représentent qu'un revêtement extérieur.

Durch die Decken sickerndes Regenwasser wäscht Kalk aus dem Beton und bildet schnell wachsende, zerbrechliche Tropfsteine in den feuchten Räumen der Brückentürme.

Rain water seeping lime out of the concrete ceilings and walls, forms fast growing and thus fragile stalagtites and stalagmites inside the humid chambers of the bridge towers.

L'infiltration de l'eau de pluie provoque la formation de calcaire sur le béton; des stalactictes se forment rapidement dans les recoins humides des tours du pont.

Schießscharten sind die einzigen Lichtquellen in den Räumen der Brückentürme.

Loopholes are the only light sources in the defence rooms of the bridge towers.

Les meurtrières sont les seul moyens d'éclairage dans les pièces prévues pour défendre les tours du pont.

Eine gespenstische Szene: Der schmale Verbindungsgang zwischen zwei Räumen in einem Brückenturm. Sinterstrukturen an den Wänden zeigen eindringendes Wasser.

An uncanny scene: The narrow passage between two chambers in a bridge tower. Lime deposit structures show, where water seeps through the walls.

Une scène fantomatique: le couloir étroit entre les deux pièces dans la tour du pont. Des concrétions calcaires montrent que l'eau y a pénétré.

Verrosteter Schießscharten-Schieber.

Rusted loophole cover.

Des mitrailleuses rouillées.

Dieser Raum bestrich die neben der Hindenburg-Brücke laufende Bahnlinie in Richtung Bingen-Kempten. Die Bodenabdeckung ist lange verrottet.

This room sprayed the railway beneath the Hindenburg bridge in direction Bingen-Kempten. The floor is destroyed and corroded.

Cette pièce suit la ligne de chemin de fer située près du pont de Hindenburg allant en direction de Bingen-Kempten. Le revêtement du sol est pourri depuis longtemps.

Betonbrocken, alte Zementsäcke und verrostete Reste der Bunkertüren bilden ein gespenstisches Ensemble in diesem Raum.

Concrete debris, old cement bags sacks and broken parts of the bunker doors form a bizarre ensemble in this room.

Des morceaux de béton, des vieux sacs de ciment et des restes rouillés des portes de l'abri créent une ambiance fantomatique dans cette pièce.

Im Winter: Der Brückenturm und Flutbogen auf der Binger Brückenseite.

A bridge tower and an arch of the bridge on the Bingen side of the Rhine river in winter.

En hiver: une tour du pont et le virage du Rhin du côté Bingen du pont de Hindenburg.

Von 1913-1915 gebaut, war die Hindenburgbrücke eine der längsten Eisenbahnbrücken ihrer Zeit. Mit einer Gesamtlänge von 1175 Metern überspannte sie den Rhein zwischen Bingen und Rüdesheim. In Friedenszeiten blieb das Verkehrsaufkommen auf der Brücke gering. Nur wenige Züge und Kraftfahrzeuge überquerten auf ihr Rhein, wohl auch, weil Brückenzoll erhoben wurde. In den Kriegen war die Brücke strategisch wichtig zum Transport von Truppen und Gerät. Im Januar 1945 zerstörten amerikanische Bomber zwei Brückenbögen an Land, so dass nur noch Personen und leichte Fahrzeuge die Brücke überqueren konnten. Im März, kurz vor Kriegsende, sprengten schließlich deutsche Truppen die Stahlbögen über den Fluss. Seitdem überwuchert die Natur die Ruinen. Politiker wollen die Brücke über die Fulder Aue neu errichten, während Umweltschützer eine Beeinträchtigung der Natur im Europareservat fürchten.

Built from 1913-1915, the Hindenburg bridge was one of the longest railway bridges of its time. With an overall length of 1175 meters it traversed the Rhine between Bingen and Rüdesheim. However, the significance for traffic in peace time was small. Only few trains and cars used the bridge to cross the river - partly due to bridge toll. In war time, the Hindenburg bridge was strategically important for the transport of troops and material.
In january 1945, American bombers destroyed two arches of the bridge on land, so the bridge could not be used for heavy vehicles further. Finally, German troops blasted the steel arches over the river in march. Since then, nature has taken over and a european nature reserve has been installed. Currently, politicians discuss about reconstructing the bridge, while environmental activists want to protect the European nature reserve Fulder Aue and the protected islets in the Rhine.

Le pont de Hindenburg, construit de 1913 à 1915, etait un des plus longs pont ferroviaire de son temps. D'une largeur totale de 1175 mètres, il enjombait le Rhin entre Bingen et Rüdesheim. En temps de paix, il y avait peu de circulation sur le pont. Pendant les guerres, il avait pourtant une importance stratégique pour le transport de troupes et de matériel. En janvier 1945, des bombardiers américains endommagèrent deux piliers du pont sur les rives de sorte qu'on ne pouvait plus y faire passer du matériel lourd. Au mois de mars, peu avant la fin de la guerre, des soldats allemands dynamitaient les arches en aciers au-dessus du fleuve. Depuis, la nature a regagné les ruines. Certains politiciens veulent rebâtir le pont au-dessus de la Fulder Aue, alors que le défeuseurs de l'environment ne veulent pas une détérioration de la nature dans cette réserve européenne.

Blick aus dem Rüdesheimer Hafen auf den Dampfschiff-Schleppzug „Franz Haniel", ebenfalls 1939.

View from Rüdesheim harbor, taken also in 1939, from underneath the Hindenburg bridge looking onto the steamer „Franz Haniel" with a train of barges.

Vue du port de Rüdesheim sous le pont de Hindenburg. A l'arrière-plan, on voit le train de péniches „Franz Haniel".

Die Hindenburg-Brücke auf einem seltenen Farbfoto von 1939 von Rüdesheimer Seite aus gesehen: Im Hintergrund die Rochuskapelle.

A rare color picture from 1939 shows the Hindenburg bridge from the Rüdesheim side. In the background: the Rochuskapelle (chapel) in Bingen.

Un autre des rare photos en couleur du pont de Hindenburg, prise en 1939 du côté de Rüdesheim. A l'arriere-plan la Rochuskapelle.

Nach dem Krieg beeinträchtigen die Trümmer der gesprengten Stahlbögen der Hindenburg-Brücke den Schiffsverkehr. Sie wurden danach entfernt.

After the war, fragments of the blasted steel arches of the Hindenburg bridge affected the traffic on the Rhine. They were removed later.

Après la guerre, les décombres des arches dynamitées du pont de Hindenburg empêchaient la circulation des bateaux.

Die Hindenburgbrücke in Friedenszeiten: Eine Brücke zwischen Bingen und Rüdesheim für Fußgänger, Radfahrer, Autos und Züge.

In peace time, the Hindenburg bridge was used by pedestrians, cyclists, cars and trains.

Le pont de Hindenburg en temps de paix: un pont entre Bingen et Rüdesheim pour pietons, cyclistes, voitures et trains.

In Weinberge eingebettet: Rüdesheim unter der „Obhut" der Germania (Niederwald Denkmal).

Embedded in vineyards under the „protection" of the Germania (Niederwald Monument): Rüdesheim am Rhein.

Encaché par les vignes et „protégé" par le Germania: Rüdesheim et le Monument de Niederwald.

Zwischen der Schiersteiner Brücke und der Theodor-Heuss-Brücke erlaubt die Amöneburger Eisenbahnbrücke auch Radfahrern und Fußgängern die Rheinüberquerung.

Not everybody knows the Amöneburger railway bridge. It allows also pedestrians and cyclists to cross the Rhine river in between Schiersteiner bridge and Theodor-Heuss bridge.

Entre le pont de Schierstein et le pont de Theodor Heuss, le pont ferroviair d'Amöneburg permet aussi la traversée du Rhin aux cyclistes et aux pietons.

Der Hochwasser-Schutzdamm zwischen
Mainz und Ingelheim trennt die Uferwälder
am Rhein von den vor allem für den
Obstanbau genutzten Feldern.

The Rhine embankment separates the
natural border region from the agricultural
areas, predominantly for fruit cultivation.

La digne de protection des crues entre
Mayence et Ingelheim sépare les bois sur
la rive du Rhin des champs arboricoles.

Ganz anders als nüchterne Zweckbauten heutzutage: Das Pumpwerk der Rheinhessischen Wasserversorgung in den Feldern bei Ingelheim. Der Jugendstil-Bau entstand zu Beginn des 20. Jahrhunderts. Die Fördermenge beträgt bis zu einer Million Kubikmeter guten Wassers pro Jahr.

Jugendstil instead of cold industrial constructions: The pump works of the Rheinhessische water supply in the fields near Ingelheim was built in the beginning of the 20th century. It produces up to 1 million cubic meters of good water each year.

Très différents des sobres bâtiments fonctionnels d'aujourd'hui: la station de pompage de le Rheinhessiche gestion d'eau dans les champs près de Ingelheim produit presque 1 millions mètres cubic de l'eau chaque année. La construction d'art nouveau date du debut du XXeme siècle.

In den Binger Wald ...

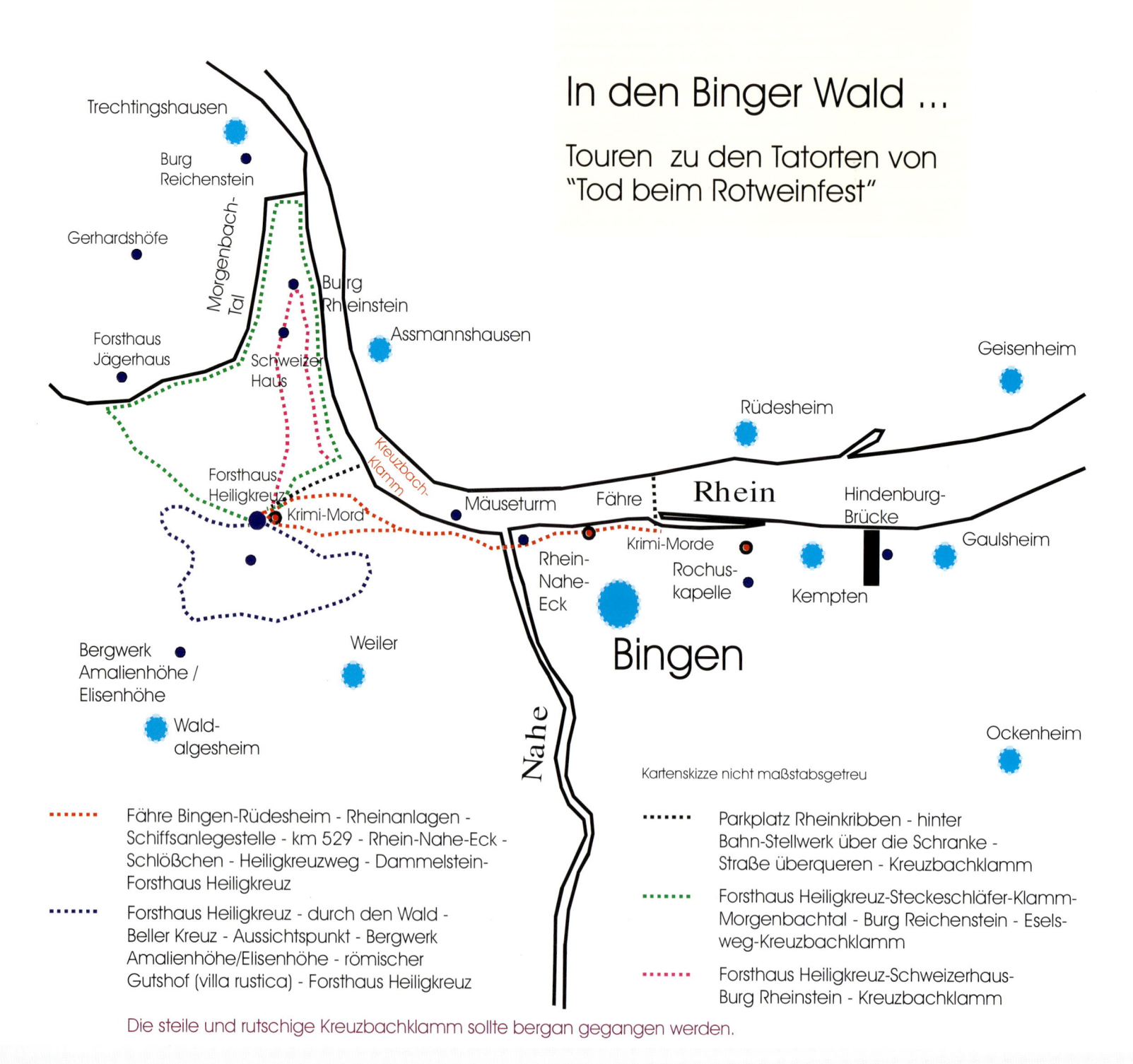

Touren zu den Tatorten von "Tod beim Rotweinfest"

Kartenskizze nicht maßstabsgetreu

.... Fähre Bingen-Rüdesheim - Rheinanlagen - Schiffsanlegestelle - km 529 - Rhein-Nahe-Eck - Schlößchen - Heiligkreuzweg - Dammelstein - Forsthaus Heiligkreuz

.... Forsthaus Heiligkreuz - durch den Wald - Beller Kreuz - Aussichtspunkt - Bergwerk Amalienhöhe/Elisenhöhe - römischer Gutshof (villa rustica) - Forsthaus Heiligkreuz

.... Parkplatz Rheinkribben - hinter Bahn-Stellwerk über die Schranke - Straße überqueren - Kreuzbachklamm

.... Forsthaus Heiligkreuz-Steckeschläfer-Klamm- Morgenbachtal - Burg Reichenstein - Esels- weg-Kreuzbachklamm

.... Forsthaus Heiligkreuz-Schweizerhaus- Burg Rheinstein - Kreuzbachklamm

Die steile und rutschige Kreuzbachklamm sollte bergan gegangen werden.

Ein Wahrzeichen von Bingen: Die weithin sichtbare Rochuskapelle.

The Rochuskapelle in its prominent place can be seen from far away.

Un emblème de Bingen: la Rochuskapelle, visible de loin.

Durch die strategische Lage an der Mündung der Nahe in den Rhein und am Eingang zum Rheintal reichen die Siedlungsspuren in Bingen weit vor die römische Zeit zurück.

Due to the strategic position at the river junction of Nahe and Rhine and the entrance of the Rheintal, the traces of settlement in Bingen date back far beyond roman time.

A cause de sa situation stratégique au confluent de la Nahe et du Rhin et à l'entrée de la vallée du Rhin, Bingen etait déjà habitée bien avant l'epoque romaine.

Dieser Blick vom Rochusberg über die Rochuskapelle zeigt auf der rechten Rheinseite die Fähre „Michael" von Ingelheim nach Oestrich-Winkel und im Hintergrund Eltville und Teile von Wiesbaden.

This view from the Rochus chapel to the northeast shows on the right side of the Rhine the ferry „Michael" from Ingelheim to Oestrich-Winkel. In the background parts of Eltville and Wiesbaden.

Cette vue depuis le Rochusberg sur la Rochuskapelle montre la rive du Rhin, le bac „Michael" desservant Ingelheim et Oestrich-Winkel. A l'arrière-plan, une vue de Eltville et des parts de Wiesbaden.

Landebrücken an der Uferpromenade in Bingen nahe am Naheeck. Rechts im Bild die Rückfront der ehemaligen Stadthalle. Im Hintergrund der Binger Hafen, wo die Fähre von Bingen nach Rüdesheim verkehrt.

Landing stages at the bank promenade of Bingen. On the right-hand side the back-front of the former town hall. In the background the harbour of Bingen, where the ferry from Bingen to Rüdesheim starts.

Débarcadères sur le quai de Bingen près du Naheeck. A droite sur la photo, l'arriere de l'ancien hôtel de ville. A l'arrière-plan, le port de Bingen avec le bac de Bingen à Rüdesheim.

Ein anderes Wahrzeichen von Bingen ist die Burg Klopp, Sitz der Stadtverwaltung. Blick von der anderen Rheinseite nahe bei Stromkilometer 529. Wie im Krimi „Tod beim Rotweinfest".

Another symbol of Bingen: The Burg Klopp accomodating the munipical authority of Bingen. View from the other side of the Rhine, close to the river mark 529. Like in the criminal story „Tod beim Rotweinfest".

Autre symbole de Bingen: le Burg Klopp, siège de conseil municipal. Vue depuis l'autre côté du Rhin pres de la marque kilométrique 529, comme dans le roman policier „Tod beim Rotweinfest".

Extra für die Kinder.

Especially for the kids.

Especialement pour les enfants.

Der Mäuseturm und die Ruine Burg Ehrenfels am Eingang zum Rheintal mit seinen zahlreichen Burgen. Der Name des in der Strommitte stehenden Turms leitet sich wahrscheinlich vom französischen Wort „Maut" ab, weil am Turm Abgaben von vorbeifahrenden Schiffen erhoben wurden.

The Mäuseturm and the ruins of Burg Ehrenfels mark the entrance of the Rheintal with its numerous castles. The name of the „mice tower" (literal translation) most probably derives from the french word „Maut" (toll), as this tower was used to collect toll from passing ships.

La Mäuseturm et les ruines du Burg Ehrenfels à l'entrée de la vallée du Rhin avec ses nombreux châteaux. Des légendes courent à propos du nom de la tour au milieu du fleuve. Le nom aurait à voir avec le mot francais „Maut" et l'utilisation de la tour pour l'encaissement des péages versés par les bateliers.

Mit seiner Lage am oberen Ende der Kreuzbachklamm ist das Forsthaus Heiligkreuz zentraler Ausgangspunkt für Wanderungen im Binger Wald.

Situated at the upper end of the Kreuzbach-Klamm, the Forsthaus Heiligkreuz is an ideal starting point for hikes in the Binger forest.

Situé a l´extremité supérieure de la gorge de Kreuzbach, la maison de forestier Heiligkreuz est le point de depart pour des randonnées dans le bois de Bingen.

Der Dammelstein am Heiligkreuzweg erinnert an den 1920 von einem Wilderer erschossenen Oberförster Dammel.

The Dammelstein at the Heiligkreuzweg was erected in memory of chief forester Dammel, shot by a poacher in 1920.

La pierre „Dammel" au bord du chemin de Heiligkreuz rappelle à notre mémoire le garde général des forêts Dammel, tué 1920 par un braconnier.

Der untere Zugang zur Kreuzbach-Klamm ist in einer Kurve der B9 etwa in der Mitte zwischen Bingen und Trechtingshausen versteckt. Am besten fahren Sie mit ihrem Auto über den Bahnübergang am verlassenen Stellwerk und parken dahinter, an den Rheinkribben. Gehen Sie dann etwa 100 m zur Kurve, überqueren die Straße und folgen Sie dem Trampelpfad.

The lower access to the Kreuzbach gorge is hidden in a curve aside the B9 from Bingen to Koblenz. To get there, you drive across the shown railway crossing at the abandoned signal house in the middle between Bingen and Trechtingshausen. You may park your car on the other side, in the nature reserve Rheinkribben, then go 100 m to the indicated curve, cross the road and find the path up.

Le passage inférieur pour accédé au ravin de Kreuzbach est caché dans un virage de la route fédérale B9 environ au milieu entre Bingen et Trechtingshausen, près d'un poste d'arguillage abandonné. Le mieux est que vous traversiez avec votre voiture le passage à niveau et le laissez la. Ensuite allez au virage, traversez la rue et suivez la piste battué.

Die steilen Wände und die üppige Natur in der Kreuzbach-Klamm lassen nur im Sommer zur Mittagszeit Sonnenstrahlen auf den Boden durch. Der Pfad ist bei feuchtem Wetter glitschig und sollte deshalb aufwärts begangen werden. Ein Sturz ins Bachbett kann böse enden.

The steep slopes on both sides and the lushy green allow only in summer at noon the sun rays to touch the bottom of the Kreuzbach gorge. Under humid conditions, the path is slippy. So you should climb up the gorge and not descend. A fall to the bottom of the gorge might have an unhappy end.

Ce n'est qu'en été, dans l'heure du midi, que les rayons du soleil peuvent frapper le sol des virages en épingle à cheveux et du paysage buccolique de Kreuzbach-Klamm. Par temps humide, le sentier est glissant, et doit donc être emprunté dans le sens de la montée. Une chute dans le lit de la rivière peut mal se terminer

Der Pfad die Kreuzbach-Klamm hinauf wechselt an besonders steilen Stellen über Holzbrücken mehrmals die Seiten. An gefährlichen Stellen sind Hangbrücken mit Sicherungsseilen installiert.

Wooden bridges lead the way at especially narrow passages to the other side. Dangerous passages are secured with hang bridges and protection ropes.

En montant le sentier de la gorge de Kreuzbach, on change plusieurs fois de côté en traversant des ponts de bois aux endroits très escapés.

Die oberste Brücke in der Kreuzbachklamm. Sie trägt das Wappen des Pionierbattaillons aus Koblenz, das den Weg durch die Klamm mit seinen Brücken und Hangbrücken anlegte. Malerisch und auch ein interessanter Handlungsort in „Tod beim Rotweinfest".

The uppermost bridge of the Kreuzbach gorge. It covers the shield of the engineer bataillon from Koblenz, that erected the bridges in the gorge. A scene of crime in „Tod beim Rotweinfest".

Le pont le plus haut de la gorge. Pittoresque et aussi un lieu d'action interessant pour un ecrivain des romans policier ...

Nach der Einstellung der Bergwerkbetriebs auf der Amalienhöhe / Elisenhöhe 1971 verlor auch der Bahnhof Bingerbrück (heute Bingen Hauptbahnhof) an Bedeutung. Ein verfallender Waggonreparaturschuppen erinnert an bessere Tage.

After the shutdown of the Amalienhöhe / Elisenhöhe mine in 1971, the railway station Bingerbrück (today Bingen Hauptbahnhof) lost importance. The carriage repair hall slowly goes to ruins and reminds of better days.

Après la fermeture de la soicieté miniere Amalienhöhe / Elistenhöhe en 1971, la gare de Bingerbrück (aujourd´hui Hauptbahnhof Bingen) perdit de l'importance. Un hangar délabré de réparation de waggons rappelle les jours meilleurs.

Diese Unterführungen unter der Bundesstraße 9 und den Bahngeleisen dienten einst zum Erztransport vom Rheinstollen zur Verladestation im Bahnhof Bingerbrück.
Hier kann man aber auch ungesehen vom Rhein bis in den Wald und umgekehrt gelangen. Wie im Krimi ...

These passages under the Bundesstraße 9 and the railway area once were used to transport ore from the Rhein tunnel of the mine to the Bingerbrück railway station.
They may as well be used to go from the Rhine into the forest unseen - and vice versa. Like in a crime story ...

Ces passages souterrains sous la route fédérale B9 et la voie ferrée servaient au transport de minerai depuis la galerie minière jusqu'au lieu de chargement de la gare Bingerbrück. D'ici on peut aller du Rhin dans le forêt sans être vu. Comme dans le roman policier „Tod beim Rotweinfest".

Der Ausgang des Rheinstollen ist nahezu gänzlich geschlossen. Ein massives Stahlgitter erlaubt nur noch Fledermäusen den Einflug in die verlassene Mine. Der fast 3 km lange Stollen dient auch zur Grubenentwässerung. Das Wasser ist an dieser Stelle etwa einen halben Meter tief.

Completely closed: The outlet of the Rhein tunnel of the former mine Amalienhöhe / Elisenhöhe. A massive gate allows only bats to enter the abandoned mine. The nearly 3 km long gallery also is used to dewater the mine.

La sortie de la galerie minière „Rheinstollen" est presque complètement fermée. Un grille massive en acier ne permet plus qu'aux chauve-souris de voler dans la mine abandonnée.

Vor dem ehemaligen Rheinstollen ist der Kreuzbach aufgestaut und vereinigt sich danach mit dem aus dem Berg kommenden, klaren und sauberen Grubenwasser. Durch die Unterführungen fließt das Wasser in die Rheinkribben direkt am Rhein.

The Kreuzbach is dammed up in front of the Rhein gallery mouth. It then joins the pit water from the gallery. The cold and clear water then runs through the tunnels to the Rheinkribben natural reserve at the border of the Rhine river.

Le ruisseau Kreuzbach est refoulé devant la galerie miniére „Rheinstollen". Cette eau est de bonne qualité.

Über mehr als 50 Jahre förderten bis zu 1000 Mitarbeiter im Bergwerk Amalienhöhe / Elisenhöhe insgesamt 7 Millionen Tonnen Manganerz und 2,5 Millionen Tonnen Dolomit. Diese Ansicht zeigt Maschinenhaus, Förderturm und Förderbunker.

In more than 50 years, up to 1000 workers of the Amalienhöhe / Elistenhöhe mine produced 7 million tons crude mangan ore and 2,5 million tons crude dolomit The view shows the machine hall, the winding tower and the conveyor plant.

Pendant plus de 50 ans, jusqu'à 1000 employés ont extrait en tout 7 million de tonnes de minerai de manganèse et 2.5 million de tonne dolomit. Cette vue montre le hall de machine et des bâtiments de transport de minerai.

Diese aktuelle Luftaufnahme, von einem Modellflugzeug aus aufgenommen, zeigt die Verwaltungsgebäude und den mehr als 50 Meter hohen Förderturm zwischen der Maschinenhalle und dem Förderbunker. Der Springbrunnen im Zechenhof diente auch zur Kühlung des Maschinenparks.

This current aerial view, taken from a model plane, shows the administration buildings and the more than 50 m high winding tower between the machine hall and the winning hall. The fountain in the pit yard served to cool the aggregates in the attached machine hall.

La cour de la mine avec un jet d'eau qui était aussi utilisé pour refrodir les aggregates dans le hall de machines. Photo pris d'une avion modèle.

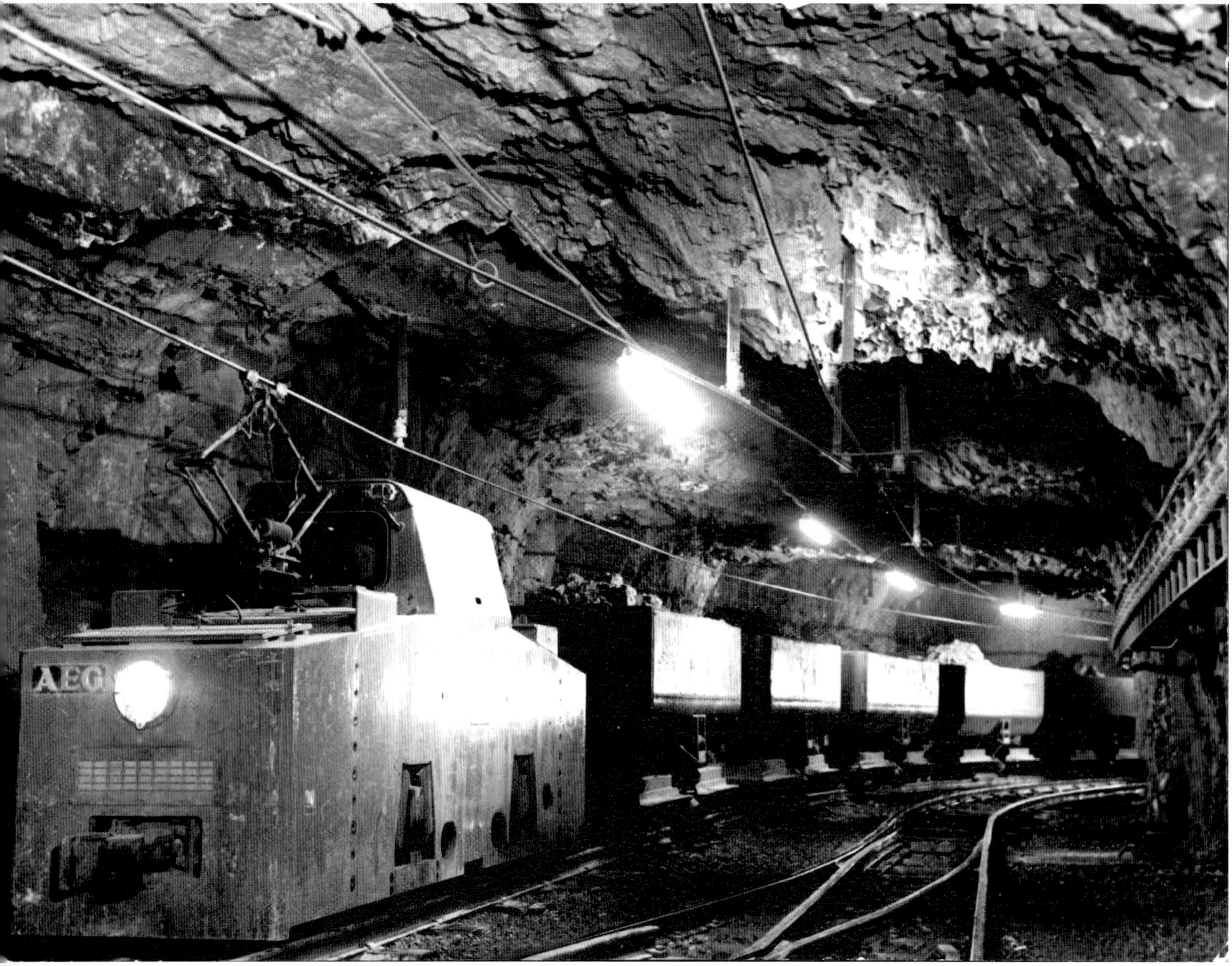
AEG

Drift mining: Drilling with pneumatic support, ore transport with a 25 kW mine locomotive. The overall tunnel length was 15 km. Mining started with dolomite and brownstone (manganese ore). Manganese makes steel tough. After exploiting these ore deposits, mining was restricted only to dolomite for cement production. Works were dangerous and expensive due to the high pressure of rock.

Unter Tage: Bohrbetrieb mit Pressluftstützen, Erztransport mit einer 25 kW Grubenlok. Insgesamt umfasste die Mine 15 km Förder-strecken unter Tage. Zunächst wurden Dolomit zur Zementherstellung und Braunstein (Manganerz) zur Stahlveredelung abgebaut („Mangan macht den Stahl zäh"). Nachdem die Braunstein-Vorkommen ausgebeutet waren, wurde nur noch der Dolomit abgebaut und in einem über 100 Meter langen Röhrenofen auf dem Bergwerksgelände gebrannt. Der Abbau war durch den hohen Gebirgsdruck gefährlich und aufwändig.

Sous terre: installation de forage pneumatique. Transport de minerai manganese et de minerai dolomite avec une locomotive de mine. En tout la mine s'etendrait sur 15 km de galeries. Les travaux etaient dangereuse et côuteuse en raison de pression exercée par le massif.

In Mainz …

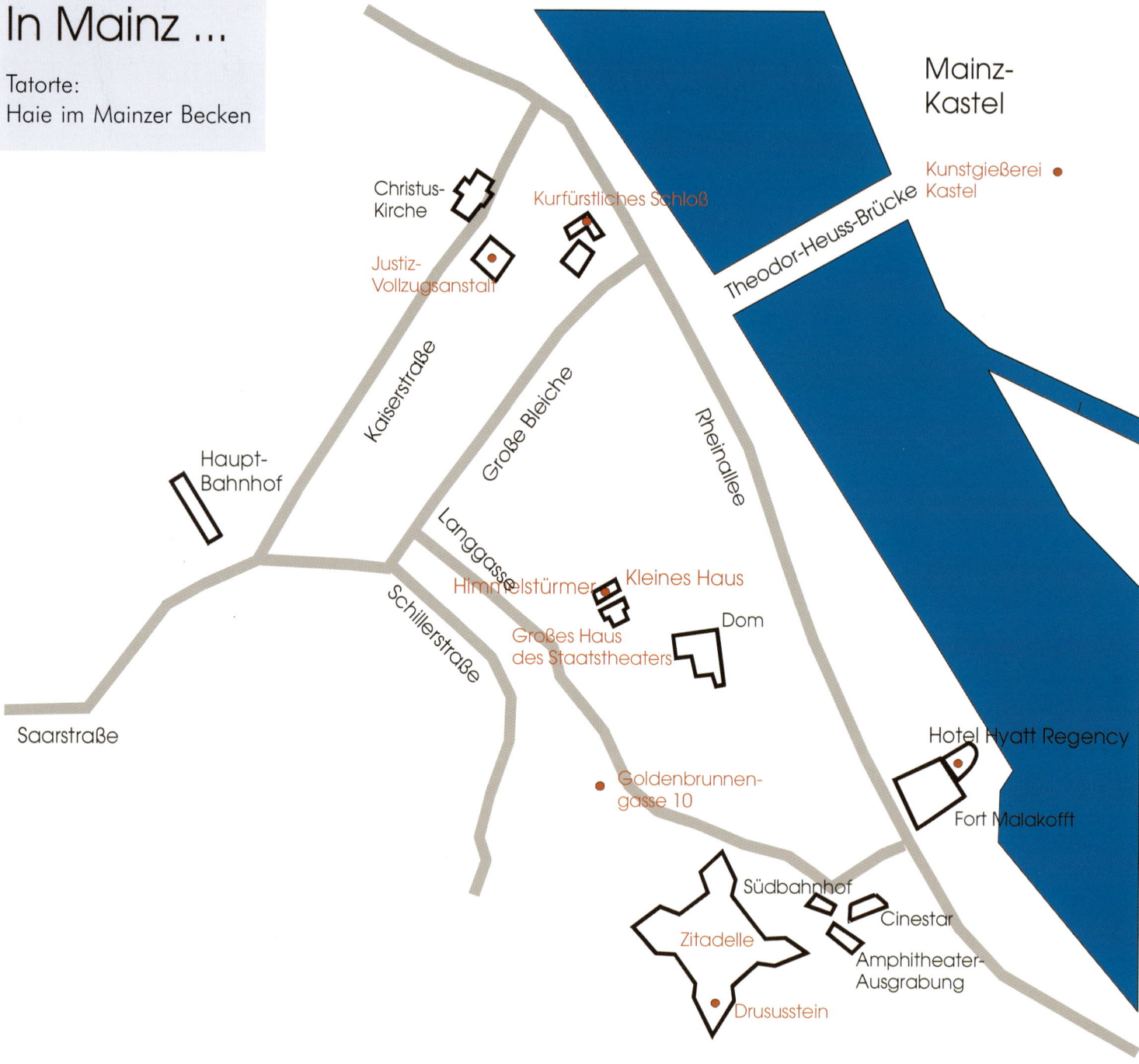

Tatorte:
Haie im Mainzer Becken

- Christus-Kirche
- Kurfürstliches Schloß
- Justiz-Vollzugsanstalt
- Kaiserstraße
- Mainz-Kastel
- Kunstgießerei Kastel
- Theodor-Heuss-Brücke
- Haupt-Bahnhof
- Große Bleiche
- Rheinallee
- Langgasse
- Schillerstraße
- Himmelstürmer
- Kleines Haus
- Großes Haus des Staatstheaters
- Dom
- Saarstraße
- Goldenbrunnengasse 10
- Hotel Hyatt Regency
- Fort Malakofft
- Südbahnhof
- Zitadelle
- Cinestar
- Amphitheater-Ausgrabung
- Drususstein

Das kleine Haus des Staatstheaters Mainz bei Nacht. Hier nimmt der Krimi „Haie im Mainzer Becken" seinen Anfang.

The Kleine Haus of the state theatre Mainz at night. Here the story of the crime story „Haie im Mainzer Becken" starts.

Le „Kleines Haus" du théâtre de l'etat à Mayence, la nuit. Ici commence l'histoire du roman policier „Haie im Mainzer Becken".

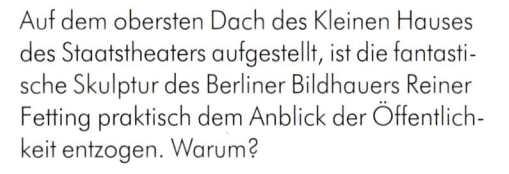

Auf dem obersten Dach des Kleinen Hauses des Staatstheaters aufgestellt, ist die fantastische Skulptur des Berliner Bildhauers Reiner Fetting praktisch dem Anblick der Öffentlichkeit entzogen. Warum?

Positioned on the uppermost roof of the Kleines Haus of the state theater, the fantastic sculpture „Der Flug" or „Himmelsstürmer" of sculptor Reiner Fetting, Berlin, is practically hidden from the public. Why?

La sculpture „Der Flug" ou „Himmelsstürmer" se trouve sur le toît le plus haut du théâtre „Kleines Haus". On ne peut pas jamais voir la sculpture de la rue. Pourquoi?

Der Innenhof der Kunstgießerei Kastel mit der Werkstatt. Durch den Denkmalschutz sind die Baulichkeiten weitgehend im Originalzustand erhalten.

The inner courtyard of the Kunstgießerei Kastel. Protection of historic buildings conserved the art foundry facilities in the original state.

La cour intérieure de „Kunstgießerei Kastel", fonderie des objects d'art. La protection des bâtiments historique l'a conservé dans son état originel.

In den historischen Räumen der Kunstgießerei. Die Arbeitsschritte sind teilweise noch unverändert wie vor mehreren hundert Jahren.

Inside the historical buildings of the art foundry. Some working methods have remained unaltered over the last centuries.

Dans les ateliers historique de la fonderie des objects d'art. Des méthode de travail sont en part comme avant plusieurs siècles.

Das Arbeiten mit flüssigem Metall hat auch heute nichts von seiner Faszination verloren. Ein Bild vom Bronze-Sandguss.

Working with liquid metals has nothing lost of its fascination even today. A picture of bronze sand casting.

Le travail sur le métal liquide n'a pas perdu de sa fascination du tout. Une image du procédé de formation du bronze dans un moule en sable.

Moderne Hitzeschutz-Anzüge machen die Arbeit komfortabler, ersetzen aber nicht die Fachkenntnisse.

Modern heat protection coats make work more comfortable. Still the skill is needed and the work has to be done ...

Des isolants modernes contre la chaleur rendent le travail plus confortable, mais ne remplacent pas le compétence dans ce domaine et le travail.

Neben den Ruinen der Martinsburg begann 1627 der Bau des Kurfürstlichen Schlosses. Es war mehr als 150 Jahre Baustelle. 1793 gründetete sich hier der Jakobinerclub als Keimzelle der Mainzer Republik. In den letzten Tagen des zweiten Weltkriegs brannte das Schloss aus. Seit dem Neuaufbau nach dem Krieg beherbergt es das Römisch-Germanische Zentralmuseum und dient als Tagungsort.

Construction of the Kurfürstliche Schloss (palace) began 1627 close to the ruins of the Martinsburg and lasted more than 150 years. In 1793, the „Jakobinerclub" was founded here, the nucleus of the „Mainzer Republik". It burned down in the last days of World War II. Since its reconstruction it is the seat of the roman-german museum and serves as convention centre, too.

En 1627 on a commencé à construire le „Kurfürstliches Schloß". La construction du château a duré plus de 150 ans. 1793, le club de Jacobins ici a l'originé la republique de Mayence. Plus tard le château brûlait dans les dernier jours de la 2me guerre mondiale. Depuis la reconstruction, il abrite le musée central romain-germanique et sert de centre de congrès.

Eine Bunker-Schutztür. Im zweiten Weltkrieg dienten die Kellergewölbe als Luftschutzkeller.

Une porte de protection d'un bunker. Pendant la 2eme guerre mondiale, les voûtes de la cave servait d'abri antiaèrien.

A shelter door. In world war II the underground vaults served as shelter against air-raids.

Gipsabgüsse zahlreicher Büsten und Reliefs vom Schloss sind im Keller gelagert. Es sieht fast wie ein Büsten-Friedhof aus ...

In the cellar: Plaster copies of busts and reliefs from the rich decoration of the palace. It looks nearly like a graveyard ...

Des moulages en plâtre des beaucoup des bustes et reliefs du palais sont conservé dans la cave. Ca ressemble presque à un cimetière de bustes ...

Ein Teil der unterirdischen Kellergewölbe wurde im zweiten Weltkrieg zerstört, aber ein Teil ist noch im Originalzustand. Neben der Funktion als Luftschutzkeller beherbergten die Gewölbe im zweiten Weltkrieg auch das Weisenauer Standesamt.

The underground vaults were partly destroyed in World War II, but some parts of it are still original. Besides its function as air shelter, the big cellar also accomodated the registry office of Mainz-Weisenau in war time.

Une partie des voûtes de la cave a été détruite pendant la 2eme guerre mondiale, mais une partie est encore dans son état d'origine. Hormis la fonction d'abri antiaèrien ces voûtes abritent aussi pendant la guerre mondiale l'état civile de Mayence-Weisenau.

Aufräumarbeiten nach dem Krieg.

Clearing off the debris in the streets after Word War II.

Travaux de déblaiment après la guerre.

Eine Ausstiegstür aus dem Luftschutzkeller.

Emergency escape door from the air shelter in the Kurfürstliche Schloss.

Une porte de sortie de l'abri antiaérien.

Ein Behelfsdach schützte nach dem Krieg zunächst die Ruinen des Kurfürstlichen Schlosses vor weiterem Zerfall. In einigen Teilen reichten die Zerstörungen bis in den Keller, während in anderen Teilen die Decken des zweiten Stockwerks noch erhalten waren.

Shortly after the war, a makeshift roof protected the ruins of the „Kurfürstliche Schloss" from further decay. In some parts destruction reached down to the cellar, while other parts burnt down only to the second floor.

Apres la guerre, un toit provisoire a protégé d'abord le „Kurfürstliche Schloß" d'autres délabrement. Dans certains parties, les destructions s'étendaient jusque la cave. Tandis que dans d'autres, les plafonds du 2eme étage restaient encore debout.

Das Haus in der Goldenbrunnengasse 10 wurde in der zweiten Hälfte des 18. Jahrhunderts gebaut. Der Name „Goldenbrunnen" stammt noch aus der Zeit der Pest und bezieht sich auf einen Brunnen, dessen Wasser in dieser Zeit besonders gut gewesen sein soll. Dieser heute stillgelegte Brunnen befindet sich im Keller des Hauses. Der Name der oberhalb gelegenen „Goldenluftgasse" bezieht sich darauf, dass in dieser Gasse zu Pestzeiten kein Einwohner an der Seuche gestorben sein soll.

Das Haus Goldenbrunnengasse 10 was built in the second half of the 18th century. The name „Goldenbrunnen" (golden well) relates to the time of the black death. Myths tell, that the water of this well was of best quality and not spreading the disease further. Today the inactivated well is in the cellar of this house. The next street upwards is the „Goldenluftgasse" (golden air lane). It is reported, that in the time of the black death nobody in this lane was killed by the disease.

La maison située dans la Goldenbrunnengasse 10 a été construite dans la 2eme moitie du 18eme siècle. Le nom „Goldenbrunnen" (fontaine d'or) provient du temps de la peste et se rapporte à une fontaine dont l'eau en ce temps là devait être particulièrement bonne. Cette fontaine, aujourd'hui hors service, se trouve dans la cave de la maison. Le nom de la rue adjacente, „Goldenluftgasse" (ruelle de l'air d'or) se rapporte au faite que, aux temps de peste, aucun habitant dans cette ruelle n'a dû mourir d'épidémie.

Dieses Haus, das Hinterhaus und der Innenhof können nicht besichtigt werden!

It is not possible to visit front and back house as well as the inner courtyard!

Cette maison, le bâtiment sur la cour et la cour intérieure ne peuvent pas être visités.

Ein Blick in eine Wohnung.

A view in a flat.

Un appartement au premier étage.

Die schön geschwungene Holztreppe.

Elegant wooden stairs.

Le bel escalier sinueux en bois.

Bei Bauarbeiten wurden hinter dem Haus römische Relikte wie die abgebildete Fußboden-Heizung frei gelegt.

Construction works behind the house unearthed roman remains like this floor heating.

Pendant des travaux souterraines, des systemes de chauffage romain ont été trouvés derrière la maison.

65

Leben zwischen alten Skulpturen und Büsten. 1865 kaufte der Bildhauer Valentin Barth das Haus und baute das Hinterhaus als Studio. Im Innenhof stellte er in seine Muster in seinem Pavillion aus, den er „Tempel" nannte. Mieter grillen entspannt in der romantischen Atmosphäre des Innenhofs.

Life among old sculptures and busts. In 1865, the sculptor Valentin Barth bought the house and built the back house as studio. He installed a pavilion, that he called a „temple" for the presentation of his works of art. Tenants enjoy a barbecue in the romantic atmosphere of the courtyard.

La vie entre vieilles sculptures et vieux bustes. En 1865, le sculpteur Valentin Barth acheta la maison et construit le bâtiment sur la cour comme studio. Dans la cour intérieure, il exposait ses modèles dans un pavillon, qu'il donnait le nom „temple". Des locataires ont organisé des barbecues dans l'atmosphère décontracté.

Alles fest im Überblick: Die Mieterin, Frau Satter, an der Tür zum Innenhof.

Everything under control: The tenant Mrs. Satter, at the door to the inner courtyard.

Tout était supervisé par la locataire Mme Satter, ici à la porte au cour intérieur …

Einige der Muster aus dem Studio des Valentin Barth. Die Skulpturen und Relief waren lange ungeschützt der Witterung und dem Vandalismus ausgesetzt, sodass sie beschädigt oder sogar ganz zerstört wurden. Auch Schwärme von Tauben nisteten hier, bis 1990 das Hinterhaus gekauft und die neuen Eigner mit viel Aufwand diese einzigartige Stätte restaurierten.

Some of the samples from Valentin Barth´s studio. For many years exposed to weather and vandalism, they were partially or even completely damaged. Dozens of pigeons breeded under the roof of the „temple". The decay ended not before 1990, when the back house was sold and the new owners renovated this unique location with high financial and creative efforts.

Quelques exemplaires des modèles du studio de Valentin Barth. Les sculptures et les reliefs ont été pendant longtemps non-protégés du temps et exposés au vandalisme, si bien, qu'ils sont été endommagés ou même entièrement détruits. De nombreux pigeons nichaient aussi ici, jusqu'à ce qu'en 1990, une famille achète le bâtiment de la cour intérieur et restaurent avec beaucoup d'argent et d' idées ce lieu extraordinaire.

Ein Neptun-Relief. A Neptune relief. Un relief de Neptune.

Drei Grazien. Three Graces. Trois Grâces.

Mit solchen Objekten war der Bildhauer Valentin Barth mit seinem Cousin Heinreich auch finanziell sehr erfolgreich.

With objects like these the sculptor Valentin Barth, working together with his cousin Heinrich, was financially successful.

Avec ses objects, le sculpteur Valentin Barth et son cousin Heinrich on eu beaucoup de réussite financière.

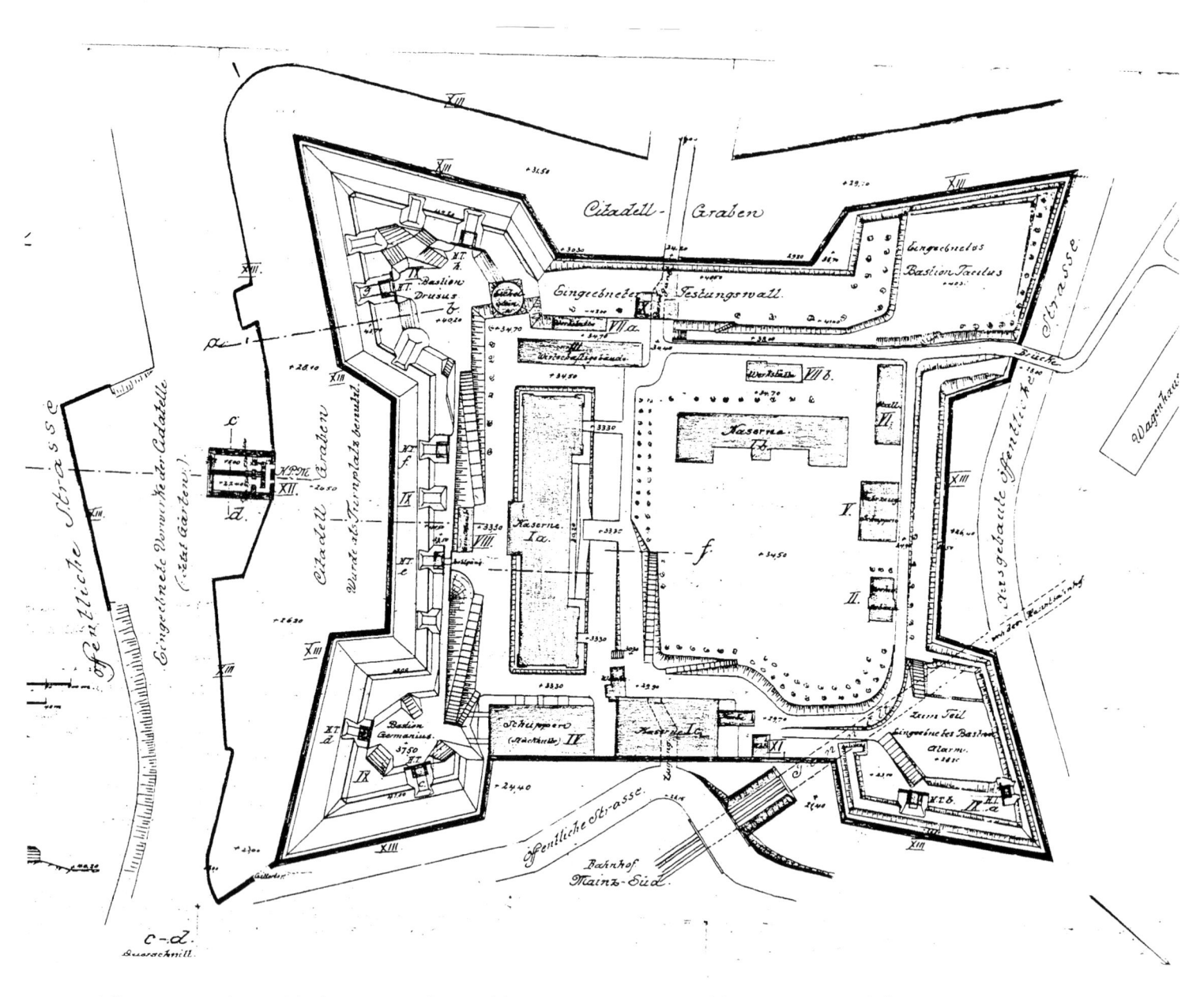

Die Zitadelle war ein wichtiges Glied im Festungsgürtel um Mainz, der die Entwicklung der Stadt über viele Jahrhunderte enorm behinderte.

The citadel was an important part of the ring of forts encircling the „fortress Mainz", which hindered the development of the city enormously over hundreds of years.

La citadelle constituait une partie importante de l'enceinte fortifiée autour de Mayence qui, au cours des siècles, a empêché le développement de la ville.

Der Kommandantenbau der Zitadelle. Eine Tragik der „Festung Mainz" war, dass Sie zu groß war, um mit eigenen Kräften verteidigt zu werden und so stets den Angreifern kampflos in die Hände fiel. So waren die jahrhundertelangen Anstrengungen bis zum Beginn des 20. Jahrhunderts für die unter wechselnden Besatzungen lebenden Mainzer nutzlos und sogar schädlich. Immerhin ist der Karikierung des Militärwahns die Entstehung der Meenzer Fassenacht zu verdanken.

The garrison headquarters of the citadel. The unrelenting fortification of Mainz over centuries until the beginning of the 20th century not only took a vast amount of money, but the resulting „Fortress Mainz" was too big to be manned with own troops. So, it was always taken by the varying occupation forced without fight. However, there is a positive side-effect: Mocking about military madness was the root of the „Mainzer Fastnacht", the world-wide famous Mainzer carnival.

La maison du commandant de la citadelle. Les fortifications de Mayence étaient trop grande pour être défendue et tombait sans résistance aux mains des agresseurs plusieurs fois. Tels furent, jusqu'au début du XXème siècle, les tourments séculaires des Mayenais devant vivre sous diverses troupes d'occupation.

Die umfangreichen Befestigungsanlagen in Mainz waren mit unterirdischen Räumen versehen und unterirdisch miteinander verbunden. Sie wurden teilweise im Zweiten Weltkrieg als Luftschutzkeller genutzt und sind heute geschlossen.

The widespread fortifications in Mainz included big rooms underground, that were connected with each other. Most of these tunnels still exist today. After their use as air shelter in World War II, the entrances are blocked today like these.

La pluspart des vastes ensembles fortifiés de Mayence comprenait des salles souterraines, connectées les unes aux autres. Elles ont été partiellement utilisées pendant la Deuxième guerre mondiale comme abris antiaériens. Leurs entrées sont aujourd'hui bloquées.

Der Drususstein wurde von den Römern zum Andenken an ihren gestorbenen Feldherrn Drusus errichtet, später teilweise abgetragen. Dicht neben dem Denkmal sind Eingänge in das unterirdische Gangsystem. Ein prima Ort für Krimis …

Built by the romans as a monument for their general Drusus, the „Drususstein" later was partially removed. Close to this monument are entrances into the underground systems of the fortifications. An ideal place for crime stories …

Le „Drususstein" a été érigé par les Romains en commémoration du général Drusus. Plus tard, il fut en partie démantelé. Tout près du monument, se trouvent les entrées du système de couloirs. Endroit idéal pour les romans policiers…

Einige unterirdische Räume und Gänge der Bastion Drusus - ideale Verstecke. Sie spielen eine wichtige Rolle im Krimi „Haie im Mainzer Becken".

Some underground rooms and tunnels of the „Bastion Drusus" - ideal to hide something. They play in important role in the crime story „Haie im Mainzer Becken".

Salles et couloir souterrains du bastion de Drusus. Ils jouent un rôle importante dans le roman policier „Haie im Mainzer Becken".

Die Gänge führen teilweise parallel zur Außenmauer in die sternförmigen Bastionen der Zitadelle.

The tunnels run partially parallel to the outer walls inside the star-shaped bastions of the citadel.

Les couloirs sont parallèles aux murs extérieurs étoilés du bastion de la citadelle.

Einzelexerzieren auf dem Exerzierplatz der Zitadelle. Wahrscheinlich vor 1914.

Single drill on the parade ground of the citadel. Probably before 1914.

Exercise sur le champ de manoeuvre. Peut-être avant 1914.

Im ersten Weltkrieg war ein Lager für kriegsgefangene Offiziere in der Zitadelle untergebracht. Die Haftbedingungen scheinen nicht zu streng gewesen zu sein, wie ein Bild der Kantine von 1917 zeigt ...

In the first World War, a camp for captured officers was installed on the citadel. Life for these prisoners of war seemed to be not too bad, as a photo from 1917 of the imprisoned officer´s canteen shows...

Lors de la Première guerre mondiale, la citadelle a servi de camps d'officiers prisonniers de guerre. Les conditions de détention ne semblent pas avoir été trop dures, comme l'indique une image de la cantine en 1917.

Wandmalerei in der Zitadelle nach dem Abzug französischer Truppen etwa 1930.

Wallpainting, left by french troops after their withdrawal from Mainz in 1930.

Peinture murales à l'intérieur de la citadelle après le départ des troupes francaises aux environs de 1930.

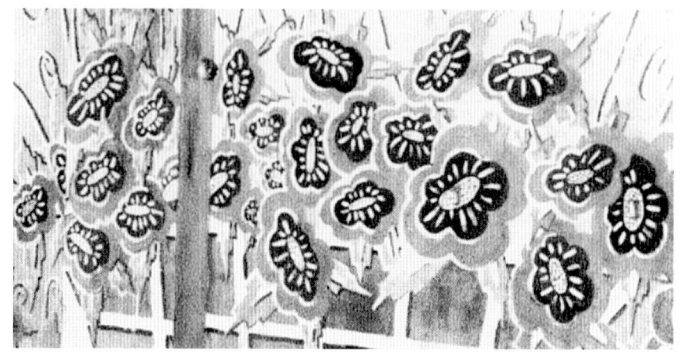

Das Restaurant „Gonsenheimer Hof" in Mainz-Gonsenheim. Ein Handlungsort des Krimis „Tod beim Rotweinfest" mit langer literarischer Tradition. Denn der Schriftsteller Carl Zuckmayer lebte und schrieb hier - auch über den Militärismus (Des Teufels General).

The „Gonsenheimer Hof", a restaurant in Mainz-Gonsenheim. A place of action in the crime story „Tod beim Rotweinfest" with long literary tradition. The famous writer Carl Zuckmayer lived here for a while - writing about militarism, too. (Des Teufels General).

Le Gonsenheimer Hof à Gonsenheim avec sa longue tradition littéraire. Dans cette maison le romancier Carl Zuckmayer vit et écrit pendant plusieurs années — aussi sur l'Armée (Le général du diable).

Taunus
(Devon, ca. 300-400 Millionen Jahre alt)

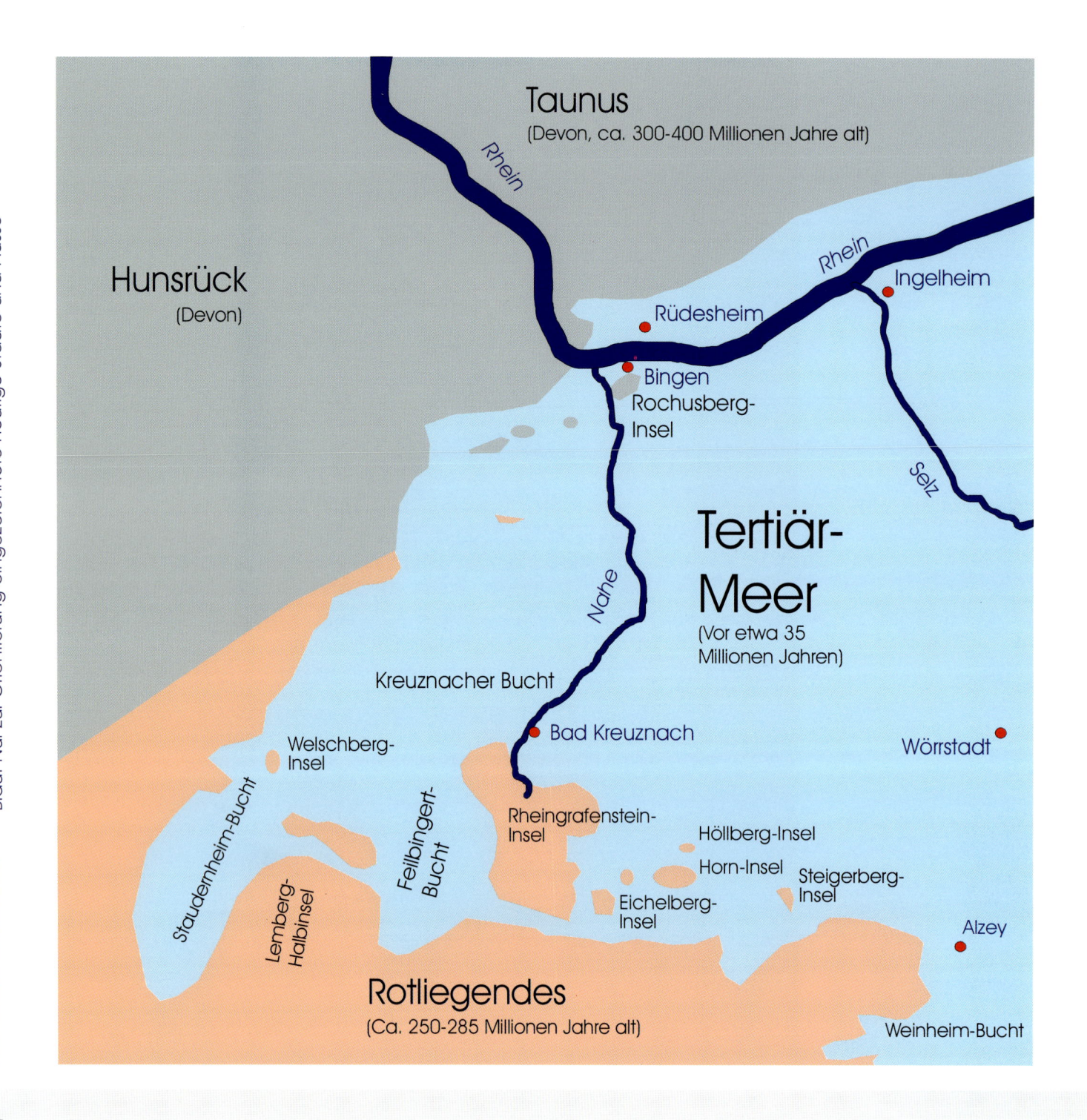

Hunsrück
(Devon)

Rhein

Rhein

Ingelheim

Rüdesheim

Bingen
Rochusberg-Insel

Selz

Nahe

Tertiär-Meer
(Vor etwa 35 Millionen Jahren)

Kreuznacher Bucht

Bad Kreuznach

Wörrstadt

Welschberg-Insel

Staudernheim-Bucht

Lemberg-Halbinsel

Feilbingert-Bucht

Rheingrafenstein-Insel

Höllberg-Insel

Horn-Insel

Eichelberg-Insel

Steigerberg-Insel

Alzey

Rotliegendes
(Ca. 250-285 Millionen Jahre alt)

Weinheim-Bucht

Blau: Nur zur Orientierung eingezeichnete heutige Städte und Flüsse

Hintergrund des Romantitels „Haie im Mainzer Becken" ist das subtropische Meer in Rheinhessen vor 35 Millionen Jahren. In ihm lebten auch riesige Haie - bis zu 20 Meter lang. Die wichtigsten damals aus dem Meer ragenden Inseln sind eingezeichnet. Sehr sehenswert ist das Kliff am Steigerberg mit seinen versteinerten Austern, Muscheln und Haizähnen.

The title „Haie im Mainzer Becken" (sharks in the Mainz basin) relates to the time 35 million years ago. At that time, a subtropical ocean covered Rheinhessen and even big sharks up to 20 meters long lived here. Islands from that time today are small hills with interesting deposits on the slopes, like shells, oysters and shark teeth.

Pour comprendre le titre du roman, (le requin du bassin de Mayence), il faut savoir que, il y a 35 millions d'années en Hesse rhénane, qui était submergée par une mer tropicale, il y avait des énormes requin de 20 mètres de long. Les îles les plus importantes sont indiquées. La falaise du Steiger, avec ses huitres, moules et dents de requins fossilisés, vaut le détour.

Die noch in Betrieb befindliche Sand- und Kiesgrube Eckelsheim. Die Sand- und Kiesschichten schützten vor dem Abbau die darunter liegende tertiäre Brandungszone vor der Verwitterung.

Sand and gravel winning in Eckelsheim is still in progress. The sand and gravel layers protected the unique tertiary breaker zone from erosion, before they were taken off.

Carrière de sable et de graviers chez Eckelsheim. La mine étant encore en activité, on ne peut ni la visiter, ni y rechercher des fossiles.

Plastikplanen sollen die weltweit einzigartige tertiäre Brandungszone vor weiterer Korrosion schützen.

To protect the unique tertiary breaker zone from further erosion, it is covered with plastic foils.

Des bâches en plastique doivent protéger cette zone de ressace du tertiaire, unique au monde, d'autres érosions.

Fossile Austern und Haizähne sind recht häufig in Sandablagerungen.

Fossil oysters and shark teeth are quite common findings in sand deposits.

On trouve bien souvent des huitres et des dents de requin fossilisés dans les dépoits sabloneux d'Eckelsheim.

Im Museum Alzey sind interessante Fossilien aus dem Tertiär mit umfangreichen Erläuterungen ausgestellt. Hier ein Haizahn beträchtlicher Größe.

The Alzey museum displays interesting fossils with comprehensive explanations. Here a shark tooth of big size.

D'intéressants fossiles du tertiaire sont exposés au musée d'Alzey. Ici, une énorme dent de requin.

Der Kiefer eines mittelgroßen Heringshais.

The jaw of a medium size shark.

La mâchoire d'un requin-hareng de taille moyenne.

Austern, Muscheln, Korallenbruchstücke, Haizähne und Koprolithen (versteinerte Exkremente) sind typische Funde aus Eckelsheim.

Oysters, shells, coral, shark teeth and coproliths are typical findings in sand deposits as well as from the vineyards or fields around Eckelsheim.

Huitres, moules, fragments de corail, coprolithes (excréments fossilisés), qu'on trouve souvent chez Eckelsheim.

Die Kalkablagerungen des früheren Meeres machen den rheinhessischen Boden sehr fruchtbar. Er ist ideal für den Weinanbau. Die Weinlese verläuft heute weitgehend maschinell mit solchen Vollerntern.

Due to the lime deposits of the former ocean, the soil in Rheinhessen is ideal for the cultivation of excellent vines. Todays the harvest is automated to a great extent, as this „Vollernter" (harvester) shows.

Les dépoits calcaires de l'ancienne mer fertilisent le sol de la Hesse rhénane. C'est idéal pour la viticulture. Aujourd'hui, ce genre d'égreneuse sert la plupart du temps aux vendanges mécanisées.

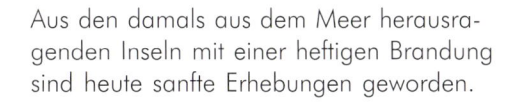

Aus den damals aus dem Meer herausragenden Inseln mit einer heftigen Brandung sind heute sanfte Erhebungen geworden.

Former islands in the sea with heavy surf changed over millions of years into smooth hillocks.

Les huiles qui, autrefois, apparaissaient au-dessus de la mer, sont aujourd'hui devenues de douces collines.

Bei der Handlese an den Steilhängen hilft man sich gegenseitig. Und genießt gemeinsam die Vesper.

Harvesting at steep slopes is done by hand. Any help is welcome - and a meal in between, too.

Aux vendanges manuelles sur les versants escarpés, toute aide est bienvenue. De même qu'une pause...

Solche alten, liebevoll renovierten Gehöfte, hier in Neu-Bamberg, erzählen Geschichte(n) von Land und Leuten.

Old and lovingly renovated farmsteads like this in Neu-Bamberg tell much about history and people.

Ce genre d'anciennes métairies rénovées avec amour, comme ici a Neu-Bamberg, relatent diverses histoires.

Mit seiner malerischen Lage, der Burgruine und der alten Kirche ist Neu-Bamberg einer der schönsten Orte Rheinhessens.

Overlooked by the old castle remains and the chapel, Neu-Bamberg is one of the most beautiful villages in Rheinhessen.

De par sa situation par sa situation pittoresque, les ruines du fort et la vieille église, Neu Bamberg est un des plus beaux endroits de la Hesse rhénane.

1. Kreuzbachklamm per Fuß / Rad:
Der sicherste Weg zur Kreuzbachklamm beginnt am Binger Hauptbahnhof. Am Ende von Gleis 201 in Blickrichtung ist eine Bahnunterführung, über die Sie auf der anderen Gleisseite zum Rhein hin wechseln können. Sie vermeiden dadurch den gefährlichen Weg entlang der B9.

2. Kreuzbachklamm per Auto: Auf der B9 Richtung Koblenz bis etwa 2 km hinter Bingen fahren, dann über den Bahnübergang und in den Rheinkribben parken.

1. Kreuzbachklamm for cyclists or hikers: The safest way to reach the gorge is to use the pedestrian passage below the Binger Hauptbahnhof at the end of track 201. It leads to the Rhine, where you can proceed by foot or with your bike. This is much safer than using the narrow and dangerous footpath along the federal road B9.

2. Kreuzbachklamm with the car:
Follow the B9 in direction Koblenz. Some 2 km behind Bingen use the railway crossing an park the car in the nature reserve Rheinkribben.

1. Kreuzbachklamm à pied / en vélo: le trajet le plus sur pour s'y rendre commence à la gare centrale de Bingen. Au bou du quai 201, vous pouvez emprunter un passage souterrain qui vous mène de l'autre c"té, sur les bords du Rhin. Vous évitez ainsi le trajet dangereux le long de la B9.

2. Kreuzbachklamm en voiture: prenez la B9 en direction de Coblence. Parcourez environ 2 km après Bingen. Puis, prenez le pont au-dessus de la voie ferrée, et vous vous garez près du Rheinkribben.

Page suivante, vous trouverez des conseils pour des randonnées touristiques intéressantes, qui ne sont malheureusement pas facile à trouver.

Auf den folgenden Seiten finden Sie einige Tipps zu interessanten Tourenwegen, die leider oft nicht gut zu finden sind. Bitte fragen Sie das örtliche Fremdenverkehrsamt nach den aktuellen Bedingungen.

Following you find some hints, as some routes are difficult to find. Please ask the local tourist office for the current situation.

Kreuzbachklamm: Oberer Eingang. Etwa 150 Meter vom Forsthaus Heiligkreuz bis zur Weggabelung laufen. Dann im rechten Winkel in den Wald abbiegen und über den Trampelpfad bis zur obersten Brücke der Klamm.

Kreuzbachklamm: Upper end. Starting from Forsthaus Heiligkreuz downhill, you this road junction. Here turn in right angle left into the forest, until you find a small path, leading to the uppermost bridge of the gorge.

Kreuzbachklamm : entrée supérieure. Marchez sur environ 150 mètres à partir du Forthaus Heiligkreuz, jusqu'à la bifurcation. Ensuite, empruntez le sentier battu perpendiculaire à l'entrée du bois, que vous suivez jusqu'au pont supérieur au-dessus de la gorge.

Morgenbachtal: Der Eingang ist etwas versteckt an dieser Stelle der B9 unterhalb der Burg Reichenstein.

Morgenbachtal: The lower entrance is a bit hidden at this place at the Bundesstraße 9, below Burg Reichenstein.

Morgenbachtal : l'entrée est quelque peu cachée à cet endroit de la B9, sous le château de Reichenstein.

Raus aus Wiesbaden - muss kein Problem für Radfahrer mehr sein.

Während der Treppenaufstieg zur Schiersteiner Brücke für Radfahrer sehr beschwerlich ist, gibt es inzwischen eine bequeme Auffahrt direkt an der Äppelallee.

Leaving Wiesbaden via the Schiersteiner bridge - no longer a problem for cyclists.

Luckily there is meanwhile an alternative to the stairs: One road further on, in the Äppelallee, you find a comfortable drive up to the Schiersteiner bridge.

Partir de Wiesbaden — pas plus de problème pour les cyclistes.

Si auparavant, les cyclistes éprouvaient des difficultés pour monter l'escalier du pont de Schierstein, entre-temps, une bretelle d'accès confortable a été construite, donnant sur la Appelallee.

Die Sonne und der Boden machen Rheinhessen einzigartig für den Weinanbau. Blick vom Hang des Westerbergs bei Appenheim.

The sun and the soil make Rheinhessen ideal for wine cultivation. A sunset on the slope of the Westerberg close to Appenheim.

Le soleil et le sol de Rheinhessen sont idéal pour la cultivation des vins, ici au Westerberg, près de Appenheim.

Bildnachweis

Folgende Fotos wurden uns freundlich zur Verfügung gestellt:

S. 22-23 : Rudolf Strothjohann, Rüdesheim
S. 24 : Bernharda Wilhelmy, Geisenheim,
 (Leihgabe Rudolf Strothjohann, Rüdesheim)
S. 25 : Stadtarchiv Bingen, Herr Kossmann
S. 47 : Prof. Michael Schönherr, Stromberg
S. 48-49 : Mannesmann Bildarchiv, Gelsenkirchen
S. 62 : Historisches Bildarchiv Dr. Wolff & Tritschler, Stuttgart
S. 63 : Stadtarchiv Mainz
S. 64-69 : Ludwig Meitzler, Weinheim
S. 70 : Stadt Mainz, Vermessungsamt
S. 76-78 : Stadtarchiv Mainz
S. 80 : Palöogeografische Karte, umgezeichnet
 nach Sonne (1981) und Hartkopf und Stapf (1984)

alle anderen Fotos von Rainer Sauer..
Andere Karten von Herbert Hertling und Rainer Sauer, nicht maßstäblich.

Für Touren empfehlen wir die im Buchhandel erhältliche Rad- und Wanderkarte „Rheinhessisches Hügelland".

Wenn Sie die beschriebenen Orte besuchen wollen, fragen Sie bitte vorher bei den örtlichen Fremdenverkehrsämtern nach. Die Kontakte:

Stadt Bingen   www.bingen.de
Stadt Ingelheim   www.ingelheim.de
Stadt Mainz   www.mainz.de
Eckelsheim / VG Wöllstein   www.woellstein.de
Stadt Bad Kreuznach   www.bad-kreuznach.de

Geologisches Landesamt Rheinland-Pfalz www.gla-rlp.de

Noch bevor das Rotweinfest richtig begonnen hat, findet ein Jogger am frühen Morgen die Leiche einer Familienrichterin an der Ingelheimer Rheinfähre. Merkwürdige Umstände stellen die Kripo von Anfang an vor Rätsel. Wieso weist die Tote keine äußeren Verletzungen auf? Und was haben die vielen toten Käfer neben der Leiche zu bedeuten?

Der erste Krimi von Jean Becker.

Verlag Direkte Kommunikation
ISBN 3-933797-07-1
Euro 10.12 DM 19.80

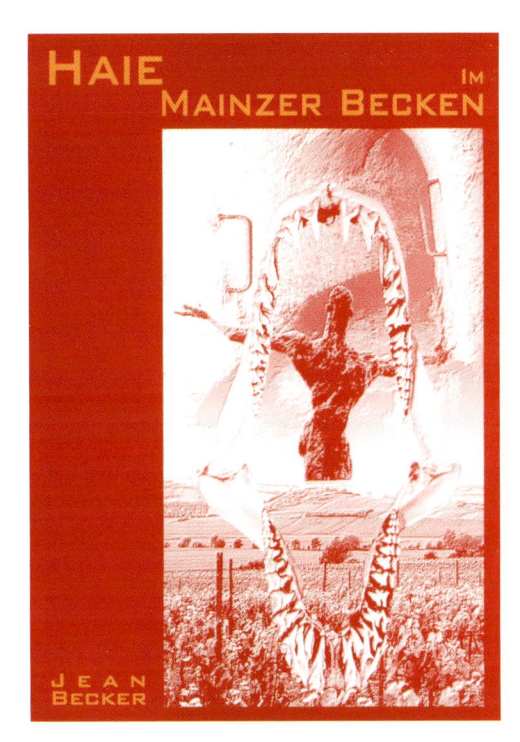

HAIE IM MAINZER BECKEN

JEAN BECKER

Als sich an einem schönen Sommermorgen die Mainzer Elite auf dem Dach des Staatstheaters versammelt, deckt der spektakuläre Sturz einer Skulptur ein Verbrechen auf. Plötzlich bedrohen die Sünden der Vergangenheit die Geschäfte der Gegenwart. Die Spuren führen zunächst in die Mainzer Unterwelt und dann viel weiter. Denn die Baukorruption ist international.

Verlag Direkte Kommunikation
ISBN 3-933797-08-X
Euro 10.12 DM 19.80

-Anzeige-
Bei Ihren Touren ...
kommen Sie doch einfach mal bei uns vorbei. Wir freuen uns auf Sie!

Bingen

Hotel Krone Bingen
Rheinkai 10-20, 55411 Bingen.
Seit 45 Jahren in Familienbesitz. Zimmer mit Dusche, WC, Kabel-TV und Telefon. Reichhaltiges Frühstücksbuffet. Zentrale Lage. Rheinblick, Räume für Tagungen und Festlichkeiten.
Tel: 06721-17016, Fax: 06721-17210

Waldgaststätte Forsthaus Heiligkreuz
Inh. Ferdinand Weber. Restaurant und Biergarten. Heiligkreuzweg, 55411 Bingen. Montag Ruhetag.
Tel: 06721 - 992975

Weinstube zur Sonne
Seit 1780. Badergasse 12, 55411 Bingen.
Tel: 06721-14216

Gau-Algesheim

Pizzeria da Pino
Kloppgasse 2 / Am Markt
Tel: 06725-5247

Schön Fahrräder
Ingelheimer Str. 46, 55435 Gau-Algesheim. ... radfahren ist SCHÖN!
Tel: 06725-2575
www.schoen-fahrraeder.de

Ritzeldealer
Rheinstr. 50, 55435 Gau-Algesheim
Tel: 06725-992644
www.ritzeldealer.de

Ingelheim

Hotel & Restaurant Multatuli
Mainzer Str. 255, 55218 Ingelheim.
Zimmer komplett ausgestattet mit Telefon, TV, Bad, WC. Romantischer Panoramablick. Seminar- und Tagungsräume. Restaurant. Parkplätze direkt am Haus.
Tel: 06132-798488, Fax: 06132-714788

Weinstube „Zur Rüwekaut"
Neuweg 22, 55218 Ingelheim,
Tel: 06132-3707
www.weingut-weitzel.de

Ockenheim

Weingut Erwin Dickenscheid
Rheinstr. 30, 55437 Ockenheim. Täglich und zu jedem Feste - Dickenscheid-Wein verwöhnt die Gäste. Weinproben auf telefonische Vereinbarung.
Tel: 06725-2543, Fax: 06725-4718
www.dickenscheid-wein.de

Weingut Wigbert Feser
Bahnhofstr. 16, 55437 Ockenheim. Die besondere Art - Wein. Familien-Weingut / Straußwirtschaft. Weinproben und Festlichkeiten nach Vereinbarung.
Tel: 06725-5104, Fax: 06725-5105
www.weingutfeser.de

Mainz

Gonsenheimer Hof
Mainzer Str. 132, 55124 Mainz
Grill & Fisch & Wein. Frische internationale und regionale Küche.
Tel: 06131-42163, Fax: 06131-467204
www.gonsenheimer-hof.de